¿Lo qué estoy haciendo aquí?

En busca de sí mismo

Grupo Anjos de Luz

¿Lo qué estoy haciendo aquí?

En busca de sí mismo

Serie: Mensajes de Luz para su día

2º volumen

1ª Edición

Belo Horizonte
Grupo Anjos de Luz
2019

© 2019 por Grupo Anjos de Luz

Título original: O que estou fazendo aqui? - Em busca de si mesmo

Canalizadores: Kaká Andrade I Karina Veloso I Maria Alice Capanema
Rita Pereira I Valdir Barbosa

Diseñador gráfico e editorial: Alice Sena

Revisión: Agni Melo I Elizabeth Palomero I Kaká Andrade I Karina Veloso
Nair Pôssas Guimarães I Rita Pereira I Valdir Barbosa

Traducción: Celia Bueno

L795
    ¿Lo qué estoy haciendo aquí? - En busca de sí mismo / Kaká Andrade, Karina
Veloso, Maria Alice Capanema, Rita Pereira, Valdir Barbosa (canalizadores). Belo
Horizonte: Grupo Anjos de Luz, 2019.
    47p. - (Mensagens de Luz para o seu dia ; v.2)

    ISBN 978-65-80152-05-6

    1. Espiritismo 2. Psicografia 3. Parapsicologia 4. Ocultismo I. Andrade, Kaká
II. Veloso, Karina III. Capanema, Maria Alice IV. Pereira, Rita V. Barbosa, Valdir.
Título VI. Série.

                                                                    CDD 133.9
                                                                    CDU 133.7

Sumario

Presentación y agradecimientos

¡La evolución espiritual pasa necesariamente por la purificación energética de cada ser, mediante el autoconocimiento, las actitudes y los pensamientos a la luz de la Sabiduría Divina! De esta manera, las energías se podrán direccionar conscientemente a la su protección y a las transformaciones personal y social, con el fin de ascensión y de alianza con la Energía Suprema Divina, Dios, mediante el ejercicio cotidiano de las virtudes esenciales al ser humano, como el amor y el perdón, la paz y la misericordia, para la curación del alma y del cuerpo, en total armonía con el Universo.

El segundo volumen de la serie **Mensajes de Luz para su día** trae a usted aclaraciones sobre <u>¿Lo que estoy haciendo aquí?</u> en el Planeta Tierra, de modo a incentivarlo a buscar constantemente la comprensión sobre sí mismo y sobre la práctica de las lecciones de Jesús Cristo en cuanto **al Camino, la Verdad y la Vida**.

El <u>Despertar de la Consciencia</u> sobre el <u>Yo Soy</u>, iniciado con la lectura del primer volumen, es campo fértil para que el autoconocimiento espiritual lo conduzca a usted a un **Caminar** más suave, de manera que la **Verdad Divina** forme parte de usted y de toda la materia a su alrededor, permitiéndole que tenga una vida plena.

Los mensajes de este libro están directamente relacionados a aquellas contenidas en el primer volumen de la Serie y, cuando comprendidas, viabilizará la busca y el encuentro de sí mismo, de su Pura Esencia Divina y usted caminará en la luz para adquirir una consciencia plena en perfecta sintonía con la Justicia Divina.

En este manual, hay instrucciones para el ejercicio cotidiano de las Virtudes y alejamiento de las energías negativas. En él se encuentran enseñanzas sobre los siete Rayos de Luces y sus colores vibrantes, así como sus respectivos Maestros Ascencionados (Chohans/Directores), que rigen las energías del Planeta Tierra y de todos los seres que habitan en él.

¡Agradecemos a toda la Espiritualidad de Luz que generosamente nos ha enviado informaciones preciadas para un verdadero encuentro de luz!

¡Muy bueno verlo (a) de nuevo en esta busca de aprendizaje y amor!

Introducción

"¿Lo que estoy haciendo aquí?"
En busca de sí mismo

La intención de este libro es que brille en usted, que se encuentra en experiencia terrena, la necesidad de elevación de sus virtudes y de las vibraciones positivas, atrayendo más de esta misma Energía del Bien y liberándose de las amarras que dificultan su caminar evolutivo, de modo a que tenga éxito en ejercitar su Yo Soy Divino con blandura.

El camino a recorrer durante el encuentro consigo mismo es facilitado por la ampliación de su Voluntad de vivir sumergido en la luz, que se podrá alcanzar con comprometimiento, fe, fuerza y atención a las instrucciones que se han transmitido por la más Alta Espiritualidad de Luz.

¡Es importante que permanezca atento a sus omisiones, sus acciones y sus pensamientos, orando y vigilando siempre, para que pueda descubrir lo que está haciendo aquí en este Planeta y cómo proseguir de manera regeneradora, ajustándose a la más Pura Energía del Universo, Dios!

Para esto, usted necesitará protegerse y ejercitar diariamente las virtudes dejadas por el Padre Creador, equilibrándose y generando energías positivas por medio de acciones, pensamientos y sentimientos conscientes y basados en las Verdades Divinas.

De esta manera, usted buscará la paz y la armonía interior, produciendo curaciones necesarias para trillar una vida bendecida y armoniosa consigo mismo, con la naturaleza y con los ambientes familiar y social.

El autoconocimiento y el ejercicio diario de actitudes amorosas promueven equilibrios energéticos, desde Buddha revelados, y se ha venido extendiendo en la práctica de la medicina ejercida actualmente.

Los hallazgos y los avances tecnológicos y científicos por medio de investigaciones llevadas a cabo durante varios años por científicos en el Planeta Tierra se han incorporado técnicas ya existentes (Acupuntura, Aromaterapia, Cristal terapia, Cromoterapia, Florales, Homeopatía, Masoterapia, Medicina Ayurvédica, Meditación, Shiatzu, Reiki, Tai Chi Chuan, Yoga, entre otras), trayendo nueva luz para que la medicina sea ejercida en busca del bienestar del ser como un todo (cuerpo físico, espiritual, mental y emocional), vibrando en perfecta armonía.

Invitamos a usted a buscar y a encontrar a sí mismo en esta consciencia liberadora y acogedora de la más Pura Esencia Divina.

Rayos, Maestros Ascencionados y Arcángeles

La Espiritualidad de Luz de la Gran Fraternidad Blanca es formada por Maestros Ascensionados de cada Rayo (Chohans y Directores de los Rayos), además de otros Maestros Ascensos y actuantes en el Planeta Tierra, junto con sus Complementos Divinos, Arcángeles, Ángeles, Elohins, Querubines y respectivos Equipos de Espíritus de Luz, Trabajadores y Obreros.

Todos ellos actúan en favor de la humanidad y se dedican a los Rayos de Luces y Energías que forman los cuerpos de los seres y de las materias, habiendo en cada día de la semana la irradiación intensificada de un Rayo de color Celestial, que ayuda a la potencializaciones de las Virtudes evidenciadas en este día.

Actualmente tenemos dos Instructores del Mundo: el Maestro Jesús (Joshua o Jesús Cristo) y el Maestro Kuthumi. Juntos, son los actuales Coordinadores de los trabajos de la Gran Fraternidad Blanca en el Planeta Tierra.

Son siete los Rayos, sus colores y los Maestros Ascensionados (Chohans Directores/Señores) de la Gran Fraternidad Blanca evidenciados en este libro, un para cada día de la semana, siendo aconsejado que usted invoque a los Rayos vibrantes en el día de la semana, permitiéndose que llamen aquellos relacionados a otros días para ayudarle siempre que necesario.

1º Rayo de la Luz Azul

Vibrante en el domingo, Maestro Ascensionado El Morya, Arcángel Miguel, potencializa las Virtudes: Fuerza, Poder Personal, Voluntad Divina, Protección, Liderazgo, Fe.

En los momentos difíciles y de desaliento, imagínese protegido por el color azul. La energía del azul permite la restauración de la fe, fuerza y equilibrio, dando coraje para retornar la caminata en busca de sí mismo.

Decreto: Arcángel Miguel, que prevalezca en mí la Voluntad Divina.

2° Rayo de la Luz Dorada

Vibrante en el lunes, Maestro Ascencionado Confucio, Arcángel Jofiel, potencializa las Virtudes: Iluminación, Ciencia, Conocimiento, Sabiduría, Tecnología, Inspiración.

Fortalecerse en la Luz Dorada y reflexionar sobre la esencia de los mensajes traídos por los Maestros de este Rayo permitirá la conexión con el Creador en busca de Sabiduría e iluminación para trillar el Camino de la Luz y alcanzar la evolución espiritual..

Decreto: Arcángel Jofiel, me impulsa a la sabiduría de creer en mí mismo, en mi poder y en mi luz.

3° Rayo de la Luz Rosa

Vibrante en el martes, Maestra Ascencionada Rowena, Arcángel Samuel, potencializa las Virtudes: Perdón, Amor Incondicional, Tolerancia, Belleza, Bondad, Gratitud.

Cuando la humanidad comprender el poder y la fuerza del amor incondicional, la gratitud y el perdón serán alimentos divinos para el alma y la luz para el espíritu. ¡Respire, vibre y sienta amor en todo lo que haga durante su caminata! ¡Sea Puro Amor Incondicional!

Decreto: Arcángel Samuel, que yo pueda desarrollar la plena y total capacidad de amar.

4° Rayo de la Luz Blanco-cristal

Vibrante en el viernes, Maestro Ascencionado Seraphis Bey, Arcángel Gabriel, potencializa las Virtudes: Purificación, Limpieza de Karmas, Ascensión, Equilibrio, Pureza, Paz, Silencio, Resurrección.

La pureza de la Luz Blanco-cristal permite mirar con alegría para el mundo y en todo que está a su alrededor, haciendo la caminata llena de encantos, liviandad y aprendizajes de amor, caridad y realizaciones.

Decreto: **Arcángel Gabriel, despierte en mi la purificación de mi ser a camino de la ascensión.**

5° Rayo de la Luz Verde

Vibrante en el jueves, Maestro Ascencionado Hilarion, Arcángel Rafael, potencializa las Virtudes: Curación, Justicia Divina, Verdad Divina, Concentración, Consagración, Dedicación, Prosperidad.

Sintonizarse con la vibración del color verde permitirá que los dones de la curación, del amor, de la humildad, de la caridad y del perdón sean ejercitados y fortalecidos. El bien y la igualdad prevalecerán y todos los seres se curarán. La paz y la abundancia caminarán juntas y todos comprenderán que estarán unidos en el Amor en Cristo.

Decreto: Arcángel Rafael, libérteme del juicio, del orgullo y del egoísmo y que la verdad prevalezca en mí.

6° Rayo de la Luz Rubí-dorada

Vibrante en el viernes, Maestra Ascensionada Nada, Arcángel Uriel, potencializa las Virtudes: Devoción, Misericordia, Amor, Curación.

Vibrar en la energía del color Rubí-dorado permite que el poder, la fuerza y el coraje nazcan en los corazones, alumbrando y despertando las almas para cumplir su propósito de amor, teniendo solo el reconocimiento del Creador.

Decreto: Arcángel Uriel, dame fe y constancia en las oraciones.

7° Rayo de la Luz Violeta

Vibrante en el sábado, Maestro Ascencionado Saint Germain, Arcángel Ezequiel, potencializa las Virtudes: Apelaciones, Compasión, Transmutación, Transformación, Libertad.

La invocación de la Luz Violeta facilita el despertar de la humanidad para la Verdad Divina de transformación y de transmutación de todos los sentimientos no puros e indeseados. Libre de las energías densas de la culpa, rabia, arrepentimiento y disgusto, el ser humano tendrá conocimiento de su fuerza espiritual que adviene del puro Amor Divino que habita dentro de cada uno.

Decreto: Arcángel Ezequiel, ayúdame en la transmutación de mis karmas, para que pueda alcanzar la liberación y a capacidad de volar rumbo al Divino.

11

Hay, aún, entre otras luces, la Luz Naranja, como un Rayo que potencializa la energía vital del cuerpo y del espíritu, a todo el tiempo y en todos los días de la semana, así como otros Rayos de colores que están siendo presentados para la humanidad en este periodo de evolución de la Tierra.

Se indica el uso de algún objeto o ropa del color específico en el día de la semana correspondiente al Rayo vibrante. Su concentración y fe en este día de la semana, direccionadas, expandirán su propia luz, facilitando la conexión (relación con el Yo Soy Divino, Dios) entre su energía y el Rayo de Luz intensificado, apartando toda limitación.

Al sintonizar con la vibración del color de cada RAYO, la conexión con los MAESTROS se establece, será posible sentir la fuerza del DIVINO pulsando dentro de sí, emitiendo la LUZ CRÍSTICA en todo su ser.

Mensaje inicial

Luz Dorada
Día de la Semana: Lunes
Virtudes: Sabiduría, Iluminación, Ciencia, Tecnología, Conocimiento, Inspiración
Maestro Shao Lin Yung: Suavidad y Levedad.
Dirigente del Equipo del Valle Dorado

"El camino es único y solitario.

Cada uno solo hace por sí y para sí propio.

Quien camina con apego, elije el camino de las piedras. Pero si usted elegir caminar con gracia y levedad, su camino será de flores: suave y perfumado.

Soy Maestro Shao Lin Yung."

(Mensaje canalizada en 24/09/2018)

Mensajes de los Instructores del Mundo

Maestro Kuthumi: Serenidad y Confianza

"¡Mis hermanos en la luz!

¡Me hago presente para traer a ustedes una palabra de confianza en todo lo que ustedes han venido buscando mediante las lecturas de este aglomerado de mensajes y de las demás que han sido cotidianamente divulgadas en su medio social conocido, y también desconocido!

Pido a los hermanos que se concentren y hagan un análisis crítico de los grupos que participan y de las lecturas y vídeos que ustedes accederán.

Será necesaria una selección por todos ustedes acerca de todo lo que llegar hasta ustedes, pues la divulgación de la Verdad divina se ha ampliado de una manera extremadamente rápida, como ya ocurre con las modificaciones energético-estructurales en el Planeta Tierra, que abarca a todos los seres que en él habitan, sean ellos humanos o no, encarnados o que se encuentren solo en el ámbito espiritual.

Esta expansión es necesaria, pero es importante que alcance a los interesados dentro de sus percepciones particulares y del grado de apertura que presenten a las informaciones innovadoras que se están pasando.

¡Si no hay, por cada uno, una elección adecuada, podrá ocurrir el efecto inverso, el apartamento del Ser a las verdades disponibles, exactamente en virtud del exceso, que asevera su mente, que te bloquea y naturalmente pasa a repeler las informaciones y, con ellas, las energías divinas que deberían entrar en su mente y su cotidiano!

Por lo tanto, mis hermanos, con mucha tranquilidad, elijan cuáles líneas de enseñanzas desean comprende bien ahora y, poco a poco, entren con fuerza total en las lecciones pasadas, sin que se separen con informaciones para las cuales aún no estén o no se sientan capaces para comprender.

¡Estén seguros de que muy pronto ya estarán listos para subir más un peldaño y seguir en la apuración divina de su consciente, para el despertar de su mente y de sus conductas en el contexto de la Nueva Era!

¡No queden ansiosos, pues todo se revelará de acuerdo con la apertura dada por cada uno, sin violaciones bruscas de lo que ya conocían, pero con transformaciones profundas y bellas en su consciente, a llevarles a la conexión pura y verdadera con el Universo divino, que es Dios!

¡La serenidad, mis hermanos, es el cimiento de la sabiduría divina!

¡Respiren fondo, suelten el humo denso acumulado del día a día que esté en usted o cerca a usted… respiren más una vez e imaginen la Luz Dorada de la sabiduría bajando desde el alto de su cabeza, ocupando todo su cerebro y bajando después para su cuerpo. Permanezcan en esta luz por algunos segundos y entonces soliciten a toda espiritualidad de la falange Celestial del Maestro Confucio y del Arcángel Jofiel que traiga hasta ustedes la luz necesaria a la toma de vuestras decisiones!

¡Después, confíen en las respuestas que serán transmitidas a ustedes, mis hermanos! ¡Confíen!

Estas respuestas se podrán identificar como un pensamiento constante acerca de lo qué hacer, elegir y cómo hacer, aliada a una palpitación en su corazón y una certeza, sin mucha posibilidad de lo ser comprobadamente, pero que le traiga una sensación de seguridad, tranquilidad y alivio.

¡Estas sensaciones, sumadas a las enseñanzas divinas, traen la certeza de la toma de la correcta decisión, dentro del Camino de la Luz!

¡Más una vez, les invito a confiar en sus intuiciones, ya que en este momento de alteración evolutiva de la Tierra se están potenciando, para una conexión mejor con el Divino!

Muchos denominan estas intuiciones como la escucha de su corazón, porque dentro de su corazón, del chakra cardiaco, hay la Llama Trina que fue plantada en los humanos por Dios, para que ellos pudieran expandirla y que se elevaran espiritual y energéticamente.

Las intuiciones son abarcadas por la Luz Rosa, del Amor Incondicional puro, dentro de la Verdad divina del bien y de la curación material y emocional, así como por la Luz Azul de la protección y de la fe en la creencia en su Yo Soy Dios, en su constitución pura y divina.

¡Hay, en el centro, entre estas dos Luces, la Dorada, de la Sabiduría Divina, que, protegida por la Azul y acogida por la Rosa del amor, tiene el poder de traerle todas las respuestas y apartar sus miedos y sus ansiedades y traerles la seguridad de que caminan dentro del Camino, de la Verdad y de la Vida en Cristo, conectados con la más alta y pura espiritualidad del bien y energías positivas de amor y paz!

Ya fui el guardián del Rayo Dorado, pero he asumido la función de coordinar los trabajos evolutivos de la Tierra, junto con Jesús. Por lo tanto, mis hermanos, estaré aquí para ayudaros siempre que necesitaran.

Podrán acceder mi energía de varias maneras, sea invocándome como actualmente me presento a ustedes, sea también mediante a la Oración de São Francisco de Assis, que fue a mí destinada para muchas creencias cristianas, delante de uno de los pasajes que he tenido en el Planeta Tierra, siendo cierto que, de hecho, delante de la función del despertar para la Sabiduría Divina que ya había asumido, revela el modo cómo convertirse cada día mejor y más evolucionado espiritualmente.

Es, en realidad, una orientación para que sigan en el Camino de la Luz, aumentando a cada conquista diaria de los versos en la Oración insertados, su proximidad con la Energía Mayor.

¡Así, mis amados, sean instrumento de la paz de Dios y lleven amor adonde haya odio. Con sus actitudes, transmitan alegría y fe a las víctimas o perdidos en las tristezas y en las dudas, para que la certeza divina los invada. Consuelen más, comprendan más, perdonen más, se donen más que el otro y no esperen el mismo en cambio por los humanos, conscientes de que tendrán el retorno cierto del Divino, que viabilizará una vivencia terrena y espiritual más feliz a ustedes!

¡Queridos hermanos, como es maravilloso tener la oportunidad de decir eso todo a ustedes!

¡Siento que, de hecho, ha llegado la hora de unirnos en un solo Dios de amor y misericordia, en una sola Energía Suprema, lo que pronto se alcanzará, mediante la expansión adecuada y responsable de su Yo Soy Divino, de la Llama Trina que está dentro de ustedes!

Estoy a todo segundo mirando por ustedes, junto con todos los trabajadores y las colonias espirituales de ayuda al Planeta Tierra.

¡Mucha Luz, mis hermanos, de todos los colores y mucha Luz Dorada para que alcancen la Sabiduría Divina de aquello que pretendí pasar hoy a ustedes!

¡Yo Soy el amor y la luz dentro de cada uno de ustedes!

¡Vos amo!

Soy Maestro Kuthumi."

(Mensaje canalizada en 04/07/2018)

Maestro Jesús: Verdad Divina

"A mis hermanos, Buenos días, buenas tardes y buenas noches todos los días de vuestras vidas terrenas!

¡Ustedes deben buscar siempre la paz interior, dentro de vuestros corazones, debiendo ponerse en contacto con su Yo Soy Crístico, que es DIOS, para que obtengan el elixir necesario para una vida feliz y divina, equilibrada y sin tropiezos, angustias, rabias u odios, sin limitaciones del ego, mis hermanos!

Esas restricciones que el ser humano impone todos los días al ser espiritual causan sensación de pérdida, vacío, arrogancia, orgullo, vanidades, que provocan en ustedes una tristeza profunda en momentos de soledad, y confunden vuestras mentes, pudiendo incluso llevar a desequilibrios mentales, depresiones, extrañezas con vuestros propios seres, haciendo con que muchos no deseen más vivir.

¡Quédense atentos y vigílense, mis hermanos que tanto amo!

¡Tengan compasión de vosotros y transmuten sus vidas!

¡Cambien hoy mismo su camino en lo que no le gusta, pero, para esto, busquen el Camino de la Luz, de la Verdad Divina de que vosotros sois DIOS, el Poder y la Gloria para siempre!

Alumbrados, tendrán claridad para las correctas elecciones y para que se liberen de las amarras que prenden vosotros al ego no cuidado.

Hermanos, la Verdad es que no hay limitaciones para el cuerpo espiritual, para el poder de la mente positiva en la realización de vuestros deseos cristianos y puros sin maldad. ¡No hay, mis hermanos!

¡Si desean tener algo que pueda traerles el bien y ayudar en vuestras evoluciones, basta que concentren sus pensamientos para que la energía del Universo (Dios) le traiga su realización, que estará envuelta en el puro Amor Divino!

¡Estas realizaciones no presentan límites también, mis hermanos. Pueden ser de cualquier naturaleza — intelectuales, personales, materiales, incluso financieras —, desde que se destinen a su bien y de los demás a su alrededor!

La concentración se puede hacer a través de meditaciones, oraciones, pensamientos positivos por algunos minutos sin interrupción y tantas otras formas de búsqueda de equilibrio energético.

La receta para el éxito de vuestros deseos puros está dada, dentro de la Verdad Divina, del Camino que intenté enseñar a ustedes cuando estuve en la Tierra.

Todo lo que he hecho, aún humano, fue concentrarme con finalidad divina, para materializar mis deseos de curación al próximo y para intentar pasar el mensaje divino que me ha sido confiada.

Dentro de ustedes, hay una Llama Trina del Perdón, de la Sabiduría y del Amor Incondicional para representar el Dios Yo Soy en cada uno, pues todos hemos sido creados a la imagen y semejanza de Dios. La Llama debe mantenerse encendida para que no pierdan el sentido de la vida, de las encarnaciones en la Tierra y de la necesidad de evolución espiritual.

¡Es esto, mis hermanos!

¡Verdad en todos los momentos de su día y de su noche!

¡Verdad, paz y amor para que sigan en el Camino de la revelación que hoy fue dada a vosotros y que está siendo pasada cotidianamente a través de estos mensajeros de la luz!

¡Paz y amor!

Vos amo y estoy con vosotros,

Soy Maestro Jesús."

(Mensaje canalizada en 25/04/2018)

Mensajes de los Maestros Ascencionados de los Rayos de Luces

1º Rayo: Luz Azul

Maestro Ascencionado: El Morya
Arcángel: Miguel
Día de la Semana: Domingo
Virtudes: Fuerza, Poder Personal, Voluntad Divina, Protección, Liderazgo, Fe.

Decreto del 1º Rayo: Luz Azul
Arcángel Miguel, que prevalezca en mí la Voluntad Divina.

Maestro El Morya: Fe y Coraje

"¡Hermanos, sean fuertes! ¡Sigan!

¡El amor protegerá a ustedes!

¡La Luz Azul estará alrededor de ustedes siempre que la invoquen! ¡Ella forma un verdadero escudo protector, en todo su cuerpo y mente. Hasta en la vida, todo mejorará!

¡Pero deben ser persistentes, porque en el comienzo parece que todo empeora, intensifica y puede incluso atemorizar, pero si tienes Fe, no habrá espacios para el miedo!

¡La Fe aparta el miedo! ¡Son incompatibles!

¡Fe en Dios, Padre del Universo!

¿Ustedes se olvidan el tiempo todo de la Ley de la Atracción, verdad? ¡Entonces, Vigílense! ¡Oren!

¡La oración concentrada es una meditación que atrae buenas energías y las luces necesarias para su protección!

¡Energía positiva atrae más energía positiva!

La energía negativa está esparcida por ahí y no se conecten a ella. ¡Eso solo cabrá a ustedes!

¡Si está mal, ore y reciba energía!

¡Estando bien, done energía! ¡Done al otro y busque simultáneamente para usted mismo!

¡Déjense ser protegidos! ¿Por qué no dejan muchas veces?

¿Creen que es tontería o que no merecen o que primero se deben redimirse de los pecados para que merezcan el bien, el perdón y la energía positiva del mundo?

¡No, mis hermanos! ¡No!

¡Ustedes pueden empezar ahora mismo su auto limpieza con oraciones y recibimientos de energías y, cuando preparados, donaren también!

¡Quédense con Dios!

¡Alaben el trabajo de ustedes!

La espiritualidad agradece y espera con sinceridad que ustedes se limpien para el encuentro de sí mismo.

Soy Maestro El Morya."

(Mensaje canalizada en 24/07/2017)

2º Rayo: Luz Dorada

Maestro Ascencionado: Confucio
Arcángel: Jofiel
Día de la Semana: Lunes
Virtudes: Iluminación, Ciencia, Conocimiento, Sabiduría, Tecnología, Inspiración.

Decreto del 2º Rayo: Luz Dorada
Arcángel Jofiel, me impulse a la sabiduría de creer en mí mismo, en mi poder y en mí luz.

Maestro Confucio: Llama Trina

"¡Luz, mis hermanos! ¡Mucha luz en vuestro camino!

¡La Nueva Era será formada por seres de mucha luz y por esto ustedes necesitan permanecer siempre en la luz!

¡La Luz Dorada, mis hermanos, cuando se invoca trae sabiduría divina a sus decisiones!

¡Es hora de que se decidan por el camino del bien! Entonces, cuando estén en una situación de duda acerca de lo qué hacer, cierren los ojos y llamen la Luz Dorada, que serán auxiliados por la espiritualidad guardiana de esta luz tan divina y que tanto confortará a vuestros corazones en las correctas elecciones que hagan! Pero, hermanos, confíen cuando reciban el mensaje divino, que en realidad brotará de vuestros corazones, de la Llama Trina que hay dentro de cada uno.

En la Llama Trina hay la Luz Azul de la protección y de la fe que vibra a la su derecha, la Luz Dorada de la sabiduría divina al centro y la Luz Rosa del amor incondicional y del perdón vibrando a la su izquierda, formando la centella divina dejada por Dios Padre en cada ser humano que está encarnado en el Planeta tierra. Esta Llama permanece encendida, pero, para muchos, muy insipiente y mate. ¡No la dejen así, mis hermanos! ¡La enciendan un poco todos los días, que se quedarán protegidos y no saldrán del camino de la luz!

18

La Luz Dorada traerá para vosotros un pensamiento constante acerca de lo que deberá ser hecho, disipando la duda.

¡Pero si aún no tienes tanta fe para creer en su voz interior, sume su pensamiento con los efectos prácticos que producirán y, se prevalecer el bien, la misericordia, el perdón y la caridad, pueden estar seguros de que estarán abarcados por la luz en su decisión! ¡Confíen!

¡La Sabiduría está en cada acto, en cada paso que es dado basado en todas las enseñanzas divinas que están siendo transmitidos a ustedes! Atrae el éxito en todos los ámbitos de su vida, porque está íntimamente conectado al pensamiento positivo, que produce energía y atrae más energía positiva!

¡Mucha Luz Dorada todos los días a todos los hermanos!

¡Queden en paz con vuestras consciencias!

Soy Maestro Confucio."

(Mensaje canalizada en 09/05/2018)

Maestro Lanto: Sabiduría y Equilibrio

"¡La Sabiduría, mis hermanos, dentro de las enseñanzas de amor, es reconocer que están todos en constante aprendizaje en el Planeta Tierra o espiritualmente fuera de él!

¡Toda la organización social en que hoy están insertados es fruto de una evolución milenaria, con el merecimiento a los habitantes de la Tierra del acceso a las más altas tecnologías y descubrimientos en la medicina, física, química, biología entre tantas otras ciencias que vienen cada día siendo más apuradas!

La Verdad es que las ciencias holísticas han llegado hasta vosotros en virtud del grado evolutivo en que los seres terrenos están, para que permanezcan en el mismo compás de la evolución del propio Planeta, una vez que necesitan comprender que toda evolución médico-tecnológica ocurre también bajo la luz de la Sabiduría divina, enviada a aquellos que se conectan a ella, aliada a la elevación al nivel del consciente de que todo y todas las evoluciones están acompañadas por el aumento gradual de la consciencia divina del Yo Soy Luz de cada uno.

¡Ciencia, tecnología y fe en la divinidad de la energía pura del Universo siempre caminaran juntas, mis hermanos! Pero pocos tubieron acceso cognitivo a ellas, consciente. No importaba mucho para muchos, pues ellos creían en sí mismo y en el poder que ellos mismos poseían y, así, terminaban conectándose con la Energía Suprema, atrayendo para sí, con la fuerza del pensamiento y de la creencia en su corazón, la Luz Dorada de la Sabiduría, que entonces les ayudaba a que siguieran en sus experimentos y razonamientos, hasta que alcanzaran importantes conclusiones e innovaciones beneficiosas a la salud y a la vida como un todo a los humanos y a los demás seres que están encarnados en la Tierra, desde los animales a las plantas y vegetales en general.

Pero, ahora es hora de unir estos conocimientos, mis hermanos: ¡Ciencia y fe! Todo hallazgo, incluso estos que se les ha pasado en nivel espiritual, involucran en su amago la esencia energética movimentada por su propia energía y fue por esto que un día han descubierto el átomo y su función, que es pura energía a constituir toda la materia del Planeta Tierra.

Esta energía se añade a otras formando sustancias y así sucesivamente, produciendo más energía a su alrededor.

¡Por lo tanto, tengan consciencia de que todos, como son energías, producen también energía, sea por sus movimientos, sea con la fuerza de su pensamiento, siendo aún más fuerte cuando el pensamiento viene de los latidos de su corazón!

¡Hermanos, es exactamente por eso que pido a todos que vigilen sus sentimientos, pues todo el tipo de energía intensificada produce más de la misma energía, incluyendo las malas y las densas. Por eso, también, estamos constantemente trayendo a todos la concientización de que deben a cada día purificar sus pensamientos y su energía, para que se conecten solo con buenas energías, atrayendo a vosotros la energía Sublime de paz y amor, a viabilizar el puro contacto con energía dorada de la Sabiduría Divina, a guiarles con seguridad en vuestra caminata terrena y espiritual!

¡Podrán canalizar sus energías al éxito de todos sus propósitos de éxitos personal, profesional, financiero, familiar, todos mis hermanos!

¡Pero, este intento solo se podrá alcanzar para el bien si estuvieran conectados a las energías positivas, de modo que, si alguna negativa les venga a perturbar o sacarles del camino, tengan fuerzas suficientes para que mantengan o restablezcan la conexión con la espiritualidad divina y guardiana de sus virtudes, apartando de vosotros todo el mal y toda la limitación!

¡Siéntanse merecedores de este conocimiento y de tantos otros que se les ha pasado y hagan sí un buen uso de ellos! ¡Ejercítense!

¡Por fin, solo me gustaría alertarlos para que tengan cuidado con sus emociones!

Cuando me claman por escuchar vuestros corazones, significa el su Yo Soy Divino que está dentro de su chakra del corazón, este Yo Soy perfecto y puro, que aún no fue maculado, por la codicia, vanidad, avaricia, lujuria, miedo, inseguridad, ansiedad y por tantas otras energías densa limitadoras.

El Yo Soy está en su corazón y, conectado el humano con la Pura Energía Divina del Universo, podrá escuchar todas las respuestas a sus preguntas con claridad.

¡Pero, para esto, necesitan tener fe en todo eso y también en vosotros mismos, fe esta no ciega, pero raciocinada y apartada de las emociones exageradas, que desequilibran sus energías!

¡Puede parecer extraño, pero la fe exenta de emociones se fortifica con el direccionamiento de sus pensamientos en aquello que de hecho es bueno para vosotros y para el colectivo a su alrededor y, por esta fe/creencia estar vinculada a algo raciocinado, a una finalidad positiva, traerá a vosotros la misma energía del bien, sin emociones descontroladas, de manera límpida!

¡Mediten! ¡Oren!

¡Qué vuestro corazón lata en la luz divina y que todos vosotros consigan acceder su voz, que brota de su Yo Soy Divino, dejado por Dios Padre en cada uno, para que la elevación de la consciencia atraiga la Luz Dorada de la Sabiduría Divina a los humanos y que puedan ser brindados a cada día con más hallazgos luminosos y pacíficos, para una vida mejor en la Tierra y en la espiritualidad!

¡Soy Maestro Lanto, que ayuda en el equilibrio de los que desean estabilizar sus emociones y acceder su Yo Soy interior!"

(Mensaje canalizada en 11/07/2018)

3º Rayo: Luz Rosa

Maestro Ascencionado: Rowena
Arcángel: Samuel
Días de la Semana: Martes
Virtudes: Perdón, Amor Incondicional, Tolerancia, Belleza, Bondad, Gratitud.

Decreto del 3º Rayo: Luz Rosa
Arcángel Samuel, que pueda desarrollar la total y plena capacidad de amar.

Maestra Rowena: Perdón Divino

"¡Mis hermanos!

¡Sean persistentes en la luz divina del Amor Puro Incondicional!

¡Esta luz que irradia en el mundo trayendo una fuerte caridad dentro de sus corazones, a través de la compasión por sus errores y por medio de la ayuda a los otros!

¡Sean pacientes y bondadosos con ustedes mismos! ¡Perdónense!

¡Los errores diarios se pueden combatir con el arrepentimiento sincero y con el cambio de comportamiento de su cotidiano!

Para esto, quédense vigilantes y observen con atención sus conductas consigo mismos y con los demás a su alrededor, su familia, principalmente, además de los amigos y compañeros de trabajo.

¡Se puede ejercitar el amor a través de una mirada comprensiva a las acciones deshabidas y desprovistas de lógica energética y espiritual de aquellos que aún se encuentran perdidos y desequilibrados de la luz pura e divina del Padre celestial amado!

¡Entonces, tenga compasión!

¡Y se acaso perciban que también se han desequilibrado y que actuaron de manera intempestiva, fuera de aquello que se espera en la conexión de la energía positiva, cálmense y perdónense!

¡Llamen las luces y sus ángeles de guardia, así como toda la Espiritualidad de Luz que insiste en ayudar a vosotros en esto pasaje de fases en el Planeta Tierra, que ellos irán sí!

¡El libre albedrío utilizado en el más puro amor será la solución de los problemas de ustedes en el mundo!

¡Arrepentirse de los errores cometidos y cambiar el curso de su camino es algo maravilloso, trayendo mucha alegría a la espiritualidad que cuida de ustedes! ¡No es falta de merecimiento, al revés, é puro merecimiento de evolución espiritual en esta encarnación!

¡El amor une a vosotros! ¡El odio, desprecio, angustia y la rabia separa a vosotros y dispersa la energía positiva necesaria para su protección en esta mezcla de energías densas en la Tierra!

¡Sean fuertes en la fe y no se dispersen!

¡Esta es la Nueva Era que llega, que necesita de previa limpieza energética en el Planeta y, por esto, tantas energías están confundidas, utilizándose de enseñanzas religiosas para el mal, en total falta de sentido y lógica. Esta explosión de energías al final servirá para separar las buenas de las malas, por lo tanto, protéjanse y prepárense para la Nueva Era del bien y del amor!

Todo se calmará y el proceso evolutivo de cada uno que se mantenga en el plan terrestre será más evidente, menos doloroso y el perdón divino caerá sobre aquellos que lo merezcan, que de él pidan con lo más puro y sincero amor, en la intención de verdadero cambio espiritual y de conducta en la encarnación.

¡Que la Luz Rosa del amor incondicional, del perdón y de la bondad pueda abrazar a ustedes hoy y siempre, trayendo un día más feliz y un tiempo de regeneración interior a cada ser!

¡Vos amo mucho!

¡Invoquen al Dios Yo Soy, que es la energía divina que está dentro de sus corazones, con la Luz Rosa del Amor!

Soy Maestra Rowena, de la Luz rosa del amor incondicional."

(Mensaje canalizada en 20/06/2017)

Maestra Rowena: Amor y paz

"¡Soy un ser de la Luz Rosa del amor incondicional, que vino hoy aquí para transmitir a todos ustedes el sentimiento inherente al amor y al perdón, a la paz que el perdón trae!

¡Amor y perdón: la receta para una evolución espiritual adecuada a cada ser de luz encarnado!

¡No se conecte con malas energías! Perdónese cuando se perder de las enseñanzas divinas: ¡haga eso todo el tiempo!

¡Perdone a los otros y se esfuerce para esto. Usted logrará!

¡Esto te liberará de los males de la encarnación en el cuerpo humano, que carga huellas de otras vidas pasadas!

¡Quédense vigilantes, siempre!

¡Que así sea!

Soy Maestra Rowena."

(Mensaje canalizada en 27/04/2017)

4º Rayo: Luz Blanco-cristal

Maestro: *Seraphis Bey*
Arcángel: *Gabriel*
Día de la Semana: *Miércoles*
Virtudes: *Purificación, Limpieza de Karmas, Ascensión, Equilibrio, Pureza, Paz, Silencio, Resurrección.*

Decreto del 4º Rayo: Luz Blanco-cristal
Arcángel Gabriel, despierte en mí la purificación de mi ser a camino del ascenso.

Maestro Seraphis Bey: Fe y Coraje

"¡Mis hermanos en la luz!

¡Traigo a ustedes un mensaje de luz para su día de hoy y para que la lleven consigo por todos los demás días!

Sé que, muchas veces, los problemas parecen tan difíciles que traen un desaliento a la elevación de la fe que está plantada dentro de sus corazones.

Pero, estén seguros de que será exactamente el fortalecimiento de esta fe, con calefacción de su corazón, que podrá afrontarlos de manera saludable, de modo a que se levanten más fuertes en la espiritualidad y en el amor puro divino.

¡Escuchen a sus corazones, es decir, aquellos mensajes que la espiritualidad les transmite, sobre cómo actuar en la fe!

¡Pero, fíjense, para la escucha dentro de la fe raciocinada, desprovista de emociones exageradas, a convertir en turbia su comprensión, evitándose que decidan por el camino equivocado de la disolución del ego y de todos los sentimientos confundidos que él, cuando relievo, causa en el ser humano!

Todos los humanos son espíritus de luz en evolución, un día corrompidos por las cárceles causadas por la supervaloración del ego, como vanidades, sentimientos de superioridades, narcisismos, prejuicios de todos los tipos, como se ustedes fueran los más correctos y perfectos, incluso causando humillaciones, desalientos, despreciando a los otros, sin reconocer sus propios errores, sus propios defectos, aún en tratamiento evolutivo.

Pero, sepan, hermanos, estos tiempos de prevalencia del ego, causando miedos, frustraciones, inseguridades, está pasando y es importante que todos entren en la energía divina por la busca de la perfección.

Piensen con toda fuerza y fe que son perfectos, para atraer a vosotros más perfección espiritual, siempre vinculando sus pensamientos a la isonomía y a la igualdad de los seres terrenos, para que no menosprecien a nadie y no se sientan más que nadie, pero si para que en una autoevaluación, se sientan mejores como personas y espíritus, dentro de las enseñanzas divinas, para que sirvan como ejemplos de amor y caridad a los que buscan en quién mirarse para evolucionar.

La busca por la perfección, mis hermanos, pasa primero por el perdón del pasado en otras encarnaciones y vivencias en esta vida actual.

¡Pasa también por el ejercicio del amor incondicional, que se puede alcanzar por el perdón, misericordia y por la caridad, amor este que se debe hablar y demostrar, mis hermanos!

¡Para que logren alcanzarlo, busquen conexión con las energías divinas que están dentro de ustedes!

¡Busquen la paz y el equilibrio entre cuerpo, mente y espíritu!

Todos necesitan de calma en esta vida terrena tan acelerada.

La calma de la mente, principalmente en los momentos de mayor dificultad, traerá luz y conexión divina para que entiendan lo que deberán hacer que se libren de dos problemas, de manera saludable y evolutiva.

Es esta paz de espíritu, mis hermanos, que hará con que escuchen los mensajes de su corazón de manera correcta, sin interferencias emocionales causadas por el ego, convirtiéndose en su guía de fe raciocinada, para la conducción de sus pasos rumbo a la perfección espiritual y a la evolución del espíritu que se espera, ascensionando sus anhelos, para la materialización de sus puros deseos!

¡Quédense en paz! ¡Busquen la paz!

¡Paz! ¡Paz! ¡Paz!

¡Mucha Luz Blanco-cristal!

Soy Maestro Seraphis Bey."

(Mensaje canalizada en 23/05/2018)

Maestro Serapis Bey: Alegría y Paz

"¡Sí! ¡Digan sí al amor y a la alegría!

¡Dejen que ella, la alegría, entre en la vida de ustedes como una llama que calienta sus corazones, porque todo en la vida es más fácil cuando se tiene alegría y amor!

¡Sonreían! ¡Amen!

¡Perdónense! ¡El perdón verdadero a los otros nos convierte felices y eso atrae más plenitud y abre los caminos para su redención!

¡Ya ha sido dicho que sin la caridad no hay salvación!

¡Todos que trabajan o ya trabajaron en la caridad saben cuánto que trae alegrías al nuestro corazón y Santo Ser-Crístico!

¡La paz es tranquila y calma y la alegría le hace pacífico y tranquilo para todos los afrontamientos!

¡La felicidad está en las pequeñas, pero también en las grandes cosas! ¡Es un estado de espíritu puro y pacífico!

¡Que la paz y la pureza del Espírito Santo de Dios Yo Soy se renueven en cada uno y transmitan la paz de Cristo al mundo!

¡Confíen en cada aprendizaje. Pongan en práctica y seguirán felices!

¡Que la Luz Blanco-cristal pacifique a los seres encarnados y desencarnados!

Mucha paz,

Soy Maestro Serapis Bey."

(Mensaje canalizada en 30/03/2017)

5º Rayo: Luz Verde

Maestro Ascencionado: Hilarion
Arcángel: Rafael
Día de la Semana: Jueves
Virtudes: Curación, Justicia Divina, Verdad Divina, Concentración, Consagración, Dedicación, Prosperidad.

Decreto del 5º Rayo: Luz Verde

Arcángel Rafael, libérame del juicio, del orgullo y del egoísmo y que la verdad prevalezca en mí.

Maestro Hilarion: Equilibrio y Armonía

"¡Que la Luz Verde de la curación esté con todos ustedes!

En esta corrida terrena, los retos diarios intentan derrumbarlos, además del cansancio físico, siendo necesario cuidar del principal, el Espiritual.

Se traban batallas en equilibrar todos los sentidos de la vida terrena, uniendo el físico y el espiritual. El físico suporta la base del día a día terreno, debiendo ser alimentado y cuidado para que haya perfecta armonía con el desempeño de sus funciones.

El espiritual es alimentado por sus pensamientos, alegría, amor, para que de gran soporte al cuerpo físico y juntos interactuar en la más perfecta sincronización.

No alineados, se crean el desequilibrio, las enfermedades originarias y reflejadas en el cuerpo carnal (físico). Mantenga el espíritu armonizado para que no perjudique al otro y viceversa (físico e espiritual).

Hermanos, el gran secreto de esta vida terrena se llama equilibrar los dos cuerpos (físico e espiritual) y seguir en esta evolución trazada desde su reencarnación. Fíjense sobre cómo tratar su cuerpo físico a través de la medicina terrena, de las medicinas, vitaminas, ejercicios y cómo se cuidar de manera saludable para que puedan administrar de forma plena las misiones trazadas.

Esos retos son grandes, ennobleciendo su desarrollo terreno.

Cuidando de su espíritu a través de las oraciones, meditaciones, flujos de energías positivas que son alimentados espiritualmente dejando su Tella Búdica (chakra coronario, situado en el topo de la cabeza, responsable por la conexión del ser con Dios, la Pura Esencia Divina) en pleno equilibrio, nada de huellas o tachaduras en esta pantalla, esos son los propósitos que el Padre e Yo tenemos para todos ustedes, mis hermanos.

Constatando una parte u otra, tenga equilibrio, descanso, venga al encuentro de sí mismo, medite y encontrarás su punto de equilibrio.

La curación proviene de ustedes mismos hermanos, de su fe, acuérdense que el Maestro ha dicho en su pasaje por la Tierra, la fe mueve montañas. Si su fe es igual a un grano de mostaza, dirás al monte para desplazarse a otro lugar y él te obedecerá.

Refuercen, mis hermanos, su fe, nunca la perca, por más difícil que la batalla sea. El Padre no desampara a sus hijos. Alimentados, estarán seguros y firmes en la misión conforme abordado hace poco.

¡Dejo con todos ustedes esa Luz Verde, balsámica sobre sus familiares, el Universo, para que el peso se convierta cada vez más suave, ligero como una pluma. Hermanos, siento grata felicidad en dejar sencillos y cortos mensajes a ustedes no la olviden en el día a día. Aunque todos sepan sus deberes, los mensajes se deben dictar siempre!

Amo a todos ustedes mis hermanos.

Soy Maestro Hilarion."

(Mensaje canalizada en 23/10/2018)

Maestra María: Equilibrio y Respeto

"¡Queridos hijos!

¡Me quedo desde aquí, por veces, consternada con tanta aflicción que ustedes están viviendo en este Planeta Tierra en este momento!

¿Pero, también, permanezco, muchas veces, intentando entender por qué es tan difícil que las personas sigan el camino de Jesús Cristo?

Sé que las llagas causadas por la elevación del ego y consecuente ejercicio inadecuado de sus elecciones, fuera del libre albedrío al cual se han propuesto, hizo con que energías muy densas pesaran sobre ustedes durante siglos, y aún pesan para muchos hasta hoy. Estas energías están encontrándose mis hijos y necesitan tener cuidado, para que no les atinjan.

Las energías semejantes, para el mundo espiritual/energético de luces, acaban atrayéndose y no repeliéndose.

Entonces, queridos, deben comprender que muchas de ellas están juntándose indebidamente en diversos puntos del Planeta, porque están siendo repelidas por energías de luz que están expandiéndose, para la alteración kármica del Planeta en que viven ahora, que elegirá energías menos densas y más iluminadas para permanecer en él.

¡Hijos, les pido a ustedes y toco sus corazones en el momento de esta lectura, rogando Yo a vosotros ahora, que abran sus corazones a la entrada de Dios Padre, es decir, de las energías positivas traídas por el Universo Supremo de amor y misericordia!

¡Eso será necesario para que se protejan de estas malas energías que están circulando por ahí! ¡Ellas se juntan a otras semejantes y acaban llevando para más allá a persona que tendrían plenas condiciones de mantenerse en la luz, pero no hicieron nada, exactamente porque no dieron a su espíritu, o a muchos, a la su alma, la verdadera atención y cuidados!

¡No se cuida del espíritu con actitudes materiales, mis queridos! ¡Él necesita de energía del bien, de aprendizajes evolutivos, de prácticas de caridad, misericordia, auto perdón, perdón al próximo, amor incondicional a su hermano, que incluye el respeto incluso con sus verdugos!

¡Hijos, acuérdense! ¡Levántense!

¡Empiecen ahora la renovación de su camino espiritual, pues, sin esto, habrá grandes oportunidades de sucumbir a las malas energías que están por ahí!

Sé que por milenios hubo diversidades de interpretaciones sobre Dios y las diversas doctrinas y dogmas, con actitudes incluso criminosas por parte de muchos, lo que hasta hoy ocurre. Sin embargo, ha llegado la hora de aflojarse de estos conceptos atados tanto al pasado cuanto al presente apartado de las enseñanzas divinas.

¡Para esto, aconsejo a los hijos queridos que hagan lectura o estudios del Evangelio de Jesús, sin entrar en muchas interpretaciones! La lectura fría de los textos de la Biblia podrá traerle de vuelta al rumbo cristiano. Por cierto que, si ya poseen alguna creencia dogmática/doctrinaria, podrán sí hacer sus interpretaciones, ajustar hablas dichas por Jesús en aquella época al momento actual. Eso todo, desde que, de aquello que saquen de la lectura, nunca concluyan nada con exageraciones o extremismos, principalmente si sus conclusiones llevan a un sentimiento de repulsa a otras religiones y dogmas no extremistas.

¡Hijos, todas las buenas religiones y doctrinas llevan a un único lugar, a Dios!

¡No importa para muchos los nombres usados por cada una o el camino que el espíritu seguirá después de la muerte del cuerpo físico, si lo importante, por lo menos en este momento de transformación energética de la Tierra, es que evolucionen su espíritu, de su moral cristiana y actitudes, en esta vida!

¡Esta apelación hecha en este momento por cierto que no se agota en esta habla, ya que de hecho hay vida espiritual después de desencarnar!

¡Pero, para muchos, hablar sobre esto es un tabú y, entonces, pido solo para estas personas que no desean entrar en este conocimiento, ahora, que simplemente comprendan que será aquí mismo, en esta vida terrena, el momento más importante para su espíritu sobrevivir bien y fiel a Dios, que está dentro de su alma, que reviste y da vida a su cuerpo!

¡Necesitan actuar en la misericordia divina, ahora, queridos hijos!

¡Manifesté hoy aquí toda mi preocupación con ustedes, porque veo pérdidas de personas maravillosas, que venían desempeñando sus compromisos asumidos en libre albedrío, pero que, como se descuidaron, acabaron perdiéndose en la locura, en las enfermedades del cuerpo físico y hasta en la auto flagelación y exterminio.

¡En estas semanas en que vengo recibiendo tantas oraciones y energías de los fieles cristianos y de tantos otros no cristianos, pero que también oran profunda y sinceramente, vengo a decirles que AMO MUCHO a todos y que deseo profundamente que tengan salud espiritual, porque solo así obtendrán la plena felicidad y el amor, pues ellos (la plenitud y el amor) están dentro de ustedes y se expandirán con su propia transformación

¡Orad y vigilad siempre, mis queridos hijos!

¡Que Mi manto azul, junto con la falange Celestial de soldados del Arcángel Miguel, proteja a ustedes de toda energía negativa y que la Luz Verde de la Verdad Divina invada vuestra mente y corazón, de modo que traiga fuerza y curación a sus mentes y cuerpos, en armonía y equilibrio espirituales y energéticos!

¡Con todo mi inmenso e infinito amor, estaremos juntos a ustedes y siempre atenderemos a los llamados sinceros y a las suyas resurrecciones cotidianas al Divino!

¡Amo a ustedes!

¡Soy Maestra María, Madre de Jesús y de todos ustedes!"

(Mensaje canalizada en 22/08/2018)

28

6º Rayo: Luz Rubí-dorada

Maestro Ascencionado: Nada
Arcángel: Uriel
Día de la Semana: Viernes
Virtudes: Devoción, Misericordia, Amor, Curación.

Maestra Nada: Bondad y Misericordia

"¡Mis Hijos!

¡Deseo en el día de hoy dedicar una palabra de Misericordia a todos los hermanos que viven en la Tierra!

Esta palabra consiste en la información dada a ustedes de que, durante este periodo de reformulación energética del Planeta donde viven, tendrán con mayor presteza la Misericordia Divina, para la comprensión de sus problemas kármicos y también creados en esta vivencia, en virtud de elecciones diversas del compromiso hecho con libre albedrío para su proceso evolutivo.

¡Esta comprensión pasa para suministrarles el poder de la compasión más fuerte en cada uno, con el fin de viabilizar el verdadero perdón a sus propios errores y a todos aquellos que un día hicieron mal a otro o a todo que hay en este Planeta, dado por Dios!

¡Hijos, para esto, es necesario la reflexión sobre sus actos y el reconocimiento sincero del error!

No hay, mis hermanos, problema algún en equivocarse sin la consciencia crística del mal producido, desde que un día vean la verdad que está permeando el error y sus consecuencias. Esta verdad está relacionada directamente a la identificación del error a las limitaciones traídas por el ego, que interpreta mal el Yo Soy Perfecto en Dios que está en cada uno.

Estas imperfecciones han sido evidenciadas en las enseñanzas de Jesús Cristo, cuando ha pasado por este Planeta. Él ha intentado mostrar a todos que los errores no se podrán corregir con el perdón sincero y con el amor incondicional. Este amor fue muy demostrado a través de los ejemplos de misericordia y caridad de Jesús a sus hermanos.

¡Pero les pido que reflexionen todo esto pasaje de Jesús de una manera positiva, sin inserciones de culpas y tristezas!

Sí, Jesús ha sufrido como humano, pero lo que de hecho ha deseado transmitir no fue su sufrimiento eterno, pero sí que este sufrimiento existirá en el espíritu y en la evolución de los hermanos que insistan en el error, principalmente después de tener sus consciencias elevadas a la Energía Suprema y Perfecta del Universo.

La intención fue, aún, la de demostrar, a través de actitudes platicadas por un humano, cómo podrán ejercitar de verdad en sus cotidianos todas las virtudes del ser perfecto espiritual que está dentro de ustedes.

Es importante que vean a un Jesús Cristo feliz en ayudar a las personas, en tener misericordia y platicar el perdón todos los días, incluso de las peores llagas, como ha ocurrido en su crucificación.

¡Hijos queridos, Jesús fue extremadamente feliz y alegre en su pasaje, principalmente cuando ejercía la misericordia y el perdón, pues así era verdaderamente libre!

¡Ejerciten el perdón y libérense, mis hijos!

¡Libérense de todo malo sentimiento que les abaten!

¡El perdón y el amor incondicional son el camino para su liberación y su caminar ligero y feliz!

Los pasajes bíblicos en que Jesús ha dicho palabras de manera rígida y seria son importantes para transmitirles que la evolución y el seguir en el bien son, en realidad, pasos importantes y serios en su vida.

¡Deberán conectarse a la Energía Suprema e imparcial, sin sobrellevar emociones exageradas, de modo a permitir que el equilibrio aparentemente frío, como han sido algunos pasajes bíblicos, sean el orientador y el punto de fuerza para la anulación de la exacerbaciones sentimentales, tanto de los malos sentimientos, cuanto del ejercicio de los buenos!

¡Comprendan! ¡Podrán amar incondicionalmente, pero deberán tener equilibrio para el ejercicio de este amor al próximo, bajo el riesgo de que interfieran, delante de exageraciones impropias, en la evolución del otro a quien ama, además de desequilibrarse!

¡Sé que puede parecer difícil esta comprensión ahora, pero intenté explicar de manera muy objetiva acerca del ejercicio de la misericordia divina, que involucra amor incondicional, perdón, voluntad divina, caridad, entre tantas otra virtudes, todas ellas ejercidas de modo equilibrado, mis queridos hijos!

¡Busquen su equilibrio energético espiritual e intenten todos los días purificar a sus seres, en el camino del encuentro con el rescate del Yo Soy Perfecto Divino, en conexión directa con Dios!

¡Poco a poco, leyendo y leyendo de nuevo todos los mensajes que se están enviando a ustedes, tendrán la paz de Dios para que caminen sin tropiezos, conscientes de que son seres lindos y perfectos, en constante crecimiento espiritual, rumbo a la Energía Suprema! ¡Podrán, así, aliviar, delante de la Misericordia Divina, su pasaje en la Tierra, para que sea cada día más feliz y pleno!

¡Vos amo! ¡Estaré siempre aquí para tocarles y rellenar el corazón de bondad y de la misericordia que hay dentro de cada uno!

Con amor,

Soy Maestra Nada!"

(Mensaje canalizada en 09/08/2018)

Maestra Nada: Caridad y Perdón

"¡Misericordia, mis hermanos!

¡Hoy vine a traerles este mensaje!

¡Un mensaje de puro amor divino, para el perdón y la misericordia del alma y del cuerpo!

¡Cuando ustedes tengan algún aburrimiento, sea por conducta propia o del otro, sea por causas naturales y sociales de la vida, tengan misericordia de ustedes y del próximo!

¡Hijos, hermanos, amigos, padres y otros parientes, así como extraños y compañeros merecen nuestra misericordia, principalmente porque ustedes mismos también la merecen!

¡La misericordia es la mezcla del amor, perdón, caridad y salvación, mis hermanos!

¡Ella trae paz y alivio a sus sentimientos aflorados! ¡Aparta la rabia y el odio y trae la sensación de que están convirtiéndose en personas mejores y más evolucionadas!

Solo tenga cuidado, para que no se convierta en soberbia, ya que no son mejores, tampoco peores que los otros. Solo pueden estar en una etapa evolutiva más avanzada y, por lo tanto, pueden beneficiarse más de las bondades del mundo, atrayendo más bondades y positividades para sus vidas terrenas.

¡Sus vidas podrán ser menos sufridas, mis hermanos!

¡Crean en el poder divino dentro de ustedes, en el poder de la misericordia!

Tengan fe de que el ejercicio de la misericordia, en los momentos más sencillos de sus vidas y también en aquellos complicados, traerá a ustedes resignación y abnegación de todo malo sentimiento que, muchas veces, abate sus mentes y, por consiguiente, sus cuerpos físico y emocional.

Tengan misericordia en cuanto a su desafecto, él no sabe lo que hace, pero, usted sí sabrá perdonarlo y tendrá misericordia de él, para que sigan sus vidas sin estachas y libres para el amor puro y la purificación de vuestros seres espirituales y carnales.

¡En la misericordia, no se espera nada a cambio! ¡Simplemente, siéntese el pleno ejercicio de la bondad, solo esto!

¡Que nuestro Padre Celestial tenga misericordia de nosotros y de ustedes en la Tierra, la misericordia del amor y del perdón para una vida plena, liberta y feliz!

¡Vos amo!

¡Jesús te ama y está con ustedes!

Soy Maestra Nada, de la Luz Rubí-dorada, del poder de la fuerza del amor, de la y de la misericordia."

(Mensaje canalizada en 11/04/2018)

7º Rayo: Luz Violeta

Maestro Ascencionado: Saint Germain

Arcángel: Ezequiel

Día de la Semana: Sábado

Virtudes: Apelaciones, Compasión, Transmutación, Transformación, Libertad.

Decreto del 7º Rayo: Luz Violeta

Arcángel Ezequiel, ayúdame en la transmutación de mis karmas, para que pueda alcanzar la liberación y la capacidad de volar rumbo al Divino.

Maestro Saint Germain: Transformación y Transmutación

"¡Es hora de transformación, mis hermanos!

¡Es hora de despertaren para la verdad divina!

¡Hay algo más allá de la humanidad, en su mayoría, hasta el momento entendió sobre lo que son y sobre adonde están dentro de todo un contexto sistemático planetario!

Los humanos son solo una de las especies que habitan la órbita mundial, considerándose como mundo la comprensión del todo que alcanzan en pensamiento terreno.

Varias especies existieron en el Planeta Tierra y el ser humano es más una de ellas. El Planeta Tierra es sitio para morada de diversos tipos de seres, materializados o no.

Todos formamos parte de un único sistema Universal, comandado por la Energía Mayor Suprema, pura y divina, cuyas revelaciones serán pasadas poco a poco, para que una Nueva Era pueda establecerse de manera saludable en el Planeta Tierra.

Estas revelaciones pasan por el descubrimiento del valor espiritual que está en cada uno.

El auto conocimiento, dentro de la perspectiva de la existencia de un ser espiritual de luz puro y divino dentro de cada ser que habita la Tierra abrirá las puertas para mayores conocimientos que serán pasados. En realidad, ya están siendo transmitidos a todo momento.

Solo con la expansión de la consciencia del divino en cada uno podrán alcanzar más conocimientos y conectarse con las energías puras del Universo, a mantenerles en armonía con las nuevas energías evolutivas que flotarán sobre el Planeta Tierra.

Aquellos que no lograren conectarse con estos conocimientos acabarán perdiéndose energéticamente para las energías densas y serán encaminados para otras Moradas, para que puedan, a través del libre albedrío, conectarse a la energía evolutiva de la Nueva Era.

¡Siempre hay tempo, mis hermanos!

¡No importa lo que hicieron en vidas pasadas o en esta vida, en este momento especial!

Se concederá la misericordia divina a todos aquellos perdidos, hasta los peores de los seres, para que tengan la oportunidad de transmutar su energía vital y cambiar como fue anteriormente.

¡Podrán, a través del perdón a sí mismos y al próximo, involucrados en el amor puro incondicional, regenerarse y conectarse a las energías del bien!

¡Crean! ¡El Padre todo poderoso, el Universo de bondad y amor, dará a todos la oportunidad para que sean personas y espíritus mejores de aquí para adelante!

¡Pidan protección divina, para que la falange Celestial del Maestro El Moya, ayudada por el Arcángel Miguel y toda la Espiritualidad de Luz destinada a la protección de los seres, dentro de la Fe, para que ellos los cubran con una energía pura de la Luz Azul, formando una burbuja a su entorno! Clamen por el aumento de la Fe, potencializada con esta Luz Azul Resplandeciente. Usen mucho el color Azul, mis hermanos!

¡Fe! ¡Mucha Fe!

Con la fuerza de sus pensamientos, invoquen el color y la Luz Dorada, de la sabiduría divina, para que les den la intuición necesaria al bueno y convertido uso de su libre albedrío.

La Luz Rosa, del amor incondicional, será ampliada por el perdón y al involucrarle, traerá sensación de misericordia, incluso a si propio.

Esta misericordia, que adviene del poder de la Fe y que está dentro de cada uno, se podrá potencializar por la Luz Rubí-dorada, que fue por mucho tiempo cuidada y enviada por Jesús, el Cristo que vuestra consciencia terrena conoce. En la amplitud, será llevado a saber que hoy Jesús actúa con mucha fuerza como Coordinador de nosotros en los trabajos del Planeta Tierra, y la Maestra Nada como Chohan/Directora de este Rayo.

Mis hermanos, la Luz Blanco-cristal, transparente, harán con que ascencionen a todos sus deseos más puros y divinos, mostrando a los humanos que su vida terrena puede ser mejor, desde que conectados a las energías del Más Alto.

La Luz Verde Blanco-cristal, cuando invocada, ayuda en la curación, junto con la Luz Azul, del manto sagrado de Madre María, Nuestra Señora Madre de Jesús en la Tierra, que protege y ayuda a todos sus hijos en la auto curación, en la curación de los otros y en el desarrollo de las tecnologías en la medicina para la curación, junto con el Maestro Hilarion.

La Llama Violeta, mis hijos, cuando invocada, limpia todo el ambiente, limpia el ser de todas las llagas del ego y lo prepara para la transmutación de su ser a la elevación divina.

Soy guardián de este Rayo de Luz, que está en mayor evidencia en estos dos mil años, estando los años 2000 dentro de este espectro energético de transformación de la consciencia de los seres, ya que involucrados por la misión de regeneración de la Tierra y evolución energética de los seres que ahí están, encarnados o no.

Mis hijos, la Luz Naranja-cristalina es sutil y trae la vitalidad de que necesitan para su recuperación cuando se conectaren con energías densas y se sintieren extenuados e cansados exageradamente.

¡No se dejen llevar por las bajas energías que rondan a ustedes!

La Luz Naranja protege de depresiones que llevan hasta el auto exterminio. Protege de conductas de autoflagelación y de flagelación de otros seres, pues embriaga el ser de energía vital, que es, por su esencia, divina.

¡Comprendan sus hijos y los protejan de todo mal!

¡Oren mucho para que atraigan estas energías protectoras y transformadoras!

¡Lean mensajes espirituales, bíblicas, cuando direccionadas a una felicidad plena en Dios, con el Universo! ¡Apártense de energías densas!

¡Hoy, la lectura es de fácil acceso, con redes sociales y tecnologías de los aparatos, muy desarrolladas para este momento evolutivo y de divulgación de las verdades divinas. Por lo tanto, no la usen para diseminar cualquier mal o evidencia del ego, conectado al miedo, a la inseguridad, a las maldades, entre tantas otras malas vibraciones energéticas!

¡Amo a todos ustedes y estaré aquí, en trabajo constante en la espiritualidad y directamente con los seres humanos, para viabilizar a aquellos que crean en la verdad de la Pura Energía Divina a transformar sus vidas y seguir el camino de la luz y del bien!

¡Soy Saint Germain, que pasó en la Tierra como San José, marido d María y padre de Jesús Cristo, y que tiene la misión de ayudar en la transmutación del Planeta Tierra y de los seres que en él habitan!

¡Soy la Luz Violeta dentro de cada ser!

¡Aleluya! ¡Aleluya!

Soy Maestro Saint Germain."

(Mensaje canalizada en 26/06/2018)

Mensajes Finales
de Sabiduría Divina

Luz Dorada
Maestro del Equipo Vale Dorado

Maestro Jheriel: Amor y Paz

"¡Salve Madre María y todos los Ángeles de la Luz Azul!

¡El Planeta necesita que todos envíen Luz Azul para todos los seres. El Azul permitirá una conexión de pureza y equilibrio entre las mentes que están aflictas y perturbadas. El Azul del Manto de María hará con que todos los seres se unan en el único propósito: equilibrio, amor, paz y serenidad!

Todos los seres — minerales, plantas, animales y humanos — pueden y deben encontrar la paz. Cada reino en su grado de evolución necesita del equilibrio para cada vez más convertirse consciente de su papel en el proceso de evolución del Planeta Tierra.

¡Amen mucho! Amor por su vida y por la vida de todos los seres. Sean los seres que están en la etapa de micro organismos, hasta los humanos que aún se encuentran en la oscuridad total, todos sin excepción, necesitan amor.

El color Azul permitirá la apertura de las mentes y almas endurecidas para que el color de vibración Rosa tome cuenta de los seres en todos los niveles de evolución espiritual. La vibración Rosa del amor irá irradiar de los corazones de todos los seres y de toda la galaxia.

¡Bendigo a todos con la Luz Azul para que cada ser emane la vibración de color Rosa, el color del amor incondicional!

¡En los momentos de desesperación, miedo, cansancio y desánimo, inspiren el color Azul y siéntanse apoyados con el Manto de Nuestra Madre María!

Con paz, amor y gratitud.

Soy Maestro Jheriel."

(Mensaje canalizada en 12/07/2018)

Luz Rubí-dorada
Virtudes: Misericordia, Devoción, Amor, Curación

Chico Xavier: Abnegación y Dedicación

"¡Mis hermanos en Cristo!

¡Sean ustedes vuestros guías para la conducción de vuestro camino en las enseñanzas de Jesús, para vuestra evolución espiritual y terrena, ya que en este momento el Planeta Tierra también está pasando por un cambio energético y relativamente a los espíritus que en él habitan, encarnados o desencarnados. Estos, aún perdidos, pero con la energía del amor emanada por aquellos que poseen la comprensión sobre la necesidad de que sean encaminados, también podrán ser atendidos y seguir el camino de la luz!

¡Soy un amigo de ustedes que permanece en la espiritualidad para ayudarles, principalmente a los hermanos que viven en Brasil, ya que por mucho tiempo he me dedicado a los trabajos espirituales muy cerca de los necesitados, transmitiendo también el ejemplo de amor y dedicación al próximo, como misión que a mí fue confiada por la Espiritualidad de Luz!

Emmanuel, que mucho me orientó, junto con André Luiz y otros espíritus Trabajadores de la Luz ayudaran en este proceso y aún actúan efectivamente, cada uno a su modo, en favor de la emanación de las enseñanzas divinas a todos que desean evolucionar verdaderamente.

Algunos de ellos, ya reencarnados, otros, aún en la luz, intentan todos los días transmitir el amor, la caridad y la práctica del bien, como medios para salvación de todos nosotros, así como permanezco en esta energía de amor, aún en otra dimensión, la cual en breve muchos de ustedes alcanzarán también en conexión, aún que vivos en la carne.

Queridos hermanos, lean más sobre la doctrina espírita, los libros que han sido escritos por mí en conexión con la Espiritualidad de Luz que enviaba los mensajes, para que puedan conocer cada vez más cómo funciona el lado espiritual, y, así, con él se ajusten y se conecten de modo sano, incluso, evitando las malas consecuencias de actitudes desconectadas de las enseñanzas de Cristo.

Pero, antes de esto y de más nada, acaso logren el simple alcance de la conexión espiritual, ya estarán abiertos a las entradas de energías en vuestros seres etéreos, las cuales prepararán el campo energético para asimilación más profunda de los privilegios que las energías de las luces de todos los colores traen para cada ser espiritual, formando conexiones entre otros seres divinos encarnados o no, en una gran corriente de luz protectora, a ayudarles a superar todos los problemas que transcurrirán de este momento de cambios y de energías entrepechadas y tumultuosas.

¡Eso es muy importante, mis hermanos! ¡Se conecten con las energías divinas!

Estoy aquí en la espiritualidad, muchas veces yendo a los equipos de tratamientos médicos espirituales y acogiendo a personas sin creencia espiritual mientras encarnadas, pero que ven en mí una fuente de confianza y reconocimiento mientras médium en la Tierra.

Digo esto para que ustedes puedan seguir el mismo camino de abnegación y dedicación al próximo, dentro del espectro de la misión terrena profesional y personal que asumieron al encarnar, para que divulguen, a través del amor y de la caridad, las enseñanzas de Jesús Cristo y hagan la transmisión de la verdad al próximo, relacionada a la creencia en la existencia de la vida espiritual después de la muerte.

¡Los trabajadores que actúan para ayudar a los necesitados, en las curaciones del cuerpo y de la mente, deben ponerse atentos para que puedan trabajar voluntariamente, sin cualquier evidencia del ego, pero felices por expandir los ejemplos de que el Yo Soy de cada ser terreno vivo posee los poderes de curación y armonía, desde que en conexión saludable a la Espiritualidad de Luz!

¡Con esto, ganan fe de los descreídos!

¡Sí, mis hermanos, sigan actuando en ejemplo al próximo y lleven esto para vuestra vida privada, para que allá también sirvan de ejemplo de vivencia de amor y caridad!

¡Por fin, vengo a desearles un buen camino, que sean resignados dentro de las virtudes potencializadas por las luces de todos los colores y estén seguros de que esto hará la diferencia para ustedes y para el otro que llegue hasta ustedes!

¡La Luz Naranja se refiere a la vitalidad y piensen en ella siempre que se sientan succionados energéticamente. Después, invoquen las demás luces divinas en los colores de las virtudes que deseen evidenciar, principalmente la azul de la protección. Así, lograrán levantarse siempre que sean temporalmente abatidos por energías densas o espíritus obsesores que se acerquen de ustedes!

¡Aquí me despido, diciéndoles que estoy cerca, viendo la lucha de cada uno que haya leído este sencillo mensaje y para decirles que esta lucha no será en vano. Al revés, traerá los mejores frutos en la vida espiritual y ahora, con la evolución del Planeta Tierra, traerá también una vida mejor a los que viven en él y comprendan la importancia de la conexión con la energía divina Suprema y perfecta, que es Dios!

¡Amo a ustedes!

¡Quédense con Dios y que nuestro señor Jesús Cristo siga en el comando guardándoles de todo mal!

Soy Chico Xavier."

(Mensaje canalizada en 06/06/2018)

Maestro Jheriel: Iluminación

"¡Salve Nuestro Señor Jesús Cristo y la Virgen Madre María!

Es con mucha alegría que estoy presente en este momento tan especial.

Momento de reconectar con el Divino, en que todos los seres se están esforzando para buscar la luz y comprender la misión que han venido desempeñar en el Planeta Tierra.

Muchos piensan que cumplir la misión sea sólo ayudar a los otros y hacer caridad. Es mucho más que eso.

Desempeñar la misión es iluminarse para iluminar el Planeta.

¿Y cómo iluminarse?

Es necesario apaciguar la mente, escuchar el alma y sentir con el corazón el fluir de la vida. Es comprender como es mágica esta existencia. ¡Es conectarse con el Universo! Es conectarse con la brisa fresca de la mañana. Es iluminarse y bañarse con los rayos del sol cuando camina al poniente. Es permitir que el canto de los pájaros acaricie su mente. Es sentir el perfume de las plantas invadiendo su espíritu. Es comprender la mirada de un animal pidiendo ayuda y ser capaz de sentir su dolor, su miedo, su afecto y arriba de todo su gratitud.

¿Es sencillo? A veces no, pues el ego intenta hacer vivienda en el alma de las personas. No sienta vergüenza de desnudarse de la vanidad y sea sencillo.

¡Cuida de su alma con cariño como cuida de su cuerpo. Siéntase bello o bella para la vida! ¡Deja la vida fluir y operar milagros en su caminar. Haga de su camino un momento de levedad. Convierta las piedras en peldaños para alcanzar el punto más alto de su jornada: LA ILUMINACIÓN!

Haga vibrar siempre los colores del arco-iris y al acostarse, cúbrase con el Manto Azul de Nuestra Madre María y siéntase protegido, amparado y fortalecido para empezar un nuevo amanecer de fe, luz y esperanza.

¡Con paz, amor y gratitud!

Soy Maestro Jheriel."

(Mensaje canalizada en 19/07/2018)

Luz Verde
Orientador Ismael – Integrante del Equipo de la Colonia Médica del Gran Corazón y Astheriãn

Orientador Ismael: Enmiendas no son Sonetos

"No se puede llegar al topo sin atravesar la subida de la montaña.

Muchos ignoran la necesidad de respetarse etapas en la vida y quieren ir lejos demás sin el conocimiento de causa.

Y se pierden en el camino... no evolucionan… retroceden.

Y se queda un dolor enorme en el corazón.

Nadie quiere regresar, fracasar y tampoco es necesario que tal ocurra, desde que sepamos conducirnos acorde la canción de la vida, etapa por etapa, nota por nota, con calma, con ritmo, con tranquilidad de quien sabe lo que hace y adónde quiere llegar.

En la vida todo es concebido en un ritmo, en el tiempo de la propia vida.

¿Quién gobierna todo eso?

La experiencia divina, el eje de todos nosotros.

No hay como sobrepasar los puntos básicos de la vida, sin perderse en el camino.

Las fases son necesarias, son crecimientos que nos permiten ver como es grande y perfecto el misterio de la vida.

Aprendamos, pues, a cumplir, paso a paso, nuestra caminata, sin prisa de llegar, pero con mucha coherencia con cada paso que se da.

Dios nos protege, pero no nos guía sin nuestros propios pasos.

Permítenos el derecho de contribuir con la nuestra propia caminata.

Frenemos nuestros ritmos desorientados y busquemos la paz y la alegría de conquistar las veredas de un camino seguro y constante, que nos reserva el derecho de soñar y edificar.

Soy Ismael."

(Mensaje canalizada en 27/02/2013)

Mensaje del Dirigente del Equipo Médico Espiritual del Grande Corazón de Astheriãn y Grupo Anjos de Luz

Luz Verde, Luz Azul, Luz Dorada y Luz Blanco-cristal: Dr. Helmuth - Integrante de los Consejos de Amparadores y Evolutivo

Dr. Helmuth: El Camino del Alma

"¡Alabado sea el nombre de Cristo!

¡Salve el Equipo Médico del Gran Corazón y Astheriãn!

Como he dicho en el Libro 1 ¿Quién YO SOY? - El Despertar de la Consciencia, en este Libro 2 ¿Qué estoy haciendo aquí? - En Busca de Sí Mismo, iniciaremos juntos la gran Búsqueda. Búsqueda esa que mostrará cómo conquistar y subir los peldaños de la escala evolutiva. La búsqueda es un aprendizaje de amor, de auto-conocimiento, perdón, responsabilidad, disciplina, comprometimiento, humildad, superación, primeramente consigo propio y extensivo a los familiares, amigos, al próximo y a todos aquellos que lo ayudarán a encontrarse y descubrir bien en el fondo de su alma, de su espíritu, la Esencia Mayor del Puro Amor Divino del Padre, El Maestro de los Maestros, el Arquitecto del Universo, Dios.

El encuentro consigo mismo es continuo y gradual. Ese entendimiento de quien **Yo Soy** y **Lo qué estoy haciendo aquí** es el comienzo de la grande jornada del alma en busca de su esencia pura, del despertar de la consciencia colectiva, del enten-dimiento, comprensión y aceptación de que todo que es bueno para usted, será bueno para su familia, para su próximo, para su calle, su comunidad, su barrio, su ciudad, su país, en fin para el Planeta Tierra.

El despertar del Amor Incondicional nada más es que amar a si propio, verse sin máscaras, valorar las virtudes que posee, trabajar duro para cambio de sus pos-turas equivocadas delante de la vida, su familia y de su próximo. Acordarse de que todo cambio empieza desde sí mismo, en sus pensamientos, sentimientos y actitu-des, en fin que a caridad empieza en su casa. Honre sus antepasados, ame, honre y cuide de sus padres, ame y eduque sus hijos, recordando que no es suficiente amar a los hijos, es necesario dar límites, amor y límites caminan siempre juntos.

Y, por fin, usted será capaz de ver en su próximo, el reflejo de sí mismo, por-que el Amor Incondicional muestra toda su belleza, magnitud y su riqueza. Es Luz que desborda en todos los seres del Planeta Tierra direccionando el curso de las jornadas de las encarnaciones, en busca de la evolución, del entendimiento y de la comprensión del despertar de la consciencia colectiva.

La jornada del alma será guiada por el Amor Incondicional que brilla como Luz Divina dentro de cada uno. En los siete Rayos de Luces, Maestros Ascencionados, Arcángeles y Decretos presentados en este Libro, hay una alquimia, una panacea universal capaz de curar todas las enfermedades que aflagen al ser humano. Esta medicina eficaz es el Amor Incondicional.

Los siete Rayos Cósmicos son la manifestación mayor del Amor Divino y están concentrados en la ejecución del Plan de Dios para el Planeta Tierra y para el Universo. En el primer Rayo, usted encontrará la pura manifestación de la Voluntad Divina., En el segundo Rayo, usted callará su mente para escuchar la Voz Divina. En el tercer Rayo, usted liberará su alma de las energías negativas, eso es posible solo a través del Amor Incondicional, llevándolo a tener la consciencia plena de que en la Tierra son todos hermanos e hijos del mismo Padre, Dios, despertando, así, el sentimiento de Fraternidad. En el cuarto Rayo, usted comprenderá el sentimiento de Unidad, aprenderá a trabajar en favor de la Integración y Purificación de la humanidad en perfecta armonía. En el quinto Rayo, usted aprenderá a apreciar cada vez más el Reino Vegetal, como fuente para encontrar la Pura Esencia Divina de la Curación. En el sexto Rayo, usted entenderá el verdadero significado de la Abnegación, del Desapego, de la Devoción, de la Misericordia para la Ayuda libre de intereses para todos aquellos que de usted necesitar. En el sétimo Rayo, usted sentirá lo cuanto es importante liberarse de culpas para su Purificación y Transmutación abriéndose para recibir la Misericordia Divina.

Agradezco en especial al Equipo Médico Espiritual, Equipo que tengo oportunidad de dirigir, orientar, coordinar y aprender, y como tengo aprendido con esos espíritus dedicados e hermanados en la luz, en el bien, en la conciencia colectiva del amor incondicional, amor mayor que conduce, direcciona, hace con que todos los obstáculos sean superados uno a uno.

Mi reconocimiento inmensurable al Equipo de Trabajadores y Obreros expertos en Soporte para los tratamientos médico-espiritual presencial o a la distancia. Son esos espíritus iluminados y comprometidos con la curación que proporcionan tranquilidad, seguridad, equilibrio, armonía vibracional en todos los continentes de esto Planeta en que estuvimos actuando.

Gratitud al Equipo de Médiums por su disponibilidad para las atenciones espirituales, una vez que, en esos días, incontables veces involucran sus corazones en la luz transformadora y transmutadora de la Llama Trina, poniéndose al servicio del amor, de la luz y del bien.

Gratitud al Equipo de Auxiliares (Ángeles Amigos) que siempre se disponen a contribuir con trabajo, disponibilidad, conocimiento.

En fin, cada uno dona lo que tiene de mejor dentro de su corazón: AMOR. Y amor no se compra, no se vende, no se pone precio. AMOR simplemente se demuestra en pensamientos, sentimientos y actitudes.

Te agradezco oh Padre de la Misericordia y Amor Infinito, Jesús Cristo, Virgen María, Cristo, Patrono del Planeta Tierra, por todas las bendiciones recogidas en todos los días de trabajo, y que podamos continuar a trillar el camino de la luz y del aprendizaje, de la humildad, disciplina, perdón, comprensión, aceptación, paciencia, tolerancia, compasión y misericordia, venciendo las dificultades y las tribulaciones.

En esta actual Era de Acuario, el Planeta Tierra se beneficiará de la expansión de la conciencia colectiva, que direccionará y reforzará la vida de toda humanidad, y vuelvo a insistir, aprenda a perdonar, a comprender y aceptar a si y al otro como él es, a ser misericordioso, justo, compasivo, trabajar sin quejarse, a hacer el bien sin mirar a quien, a estudiar continuamente sin pereza, a ser puntual, asiduo, comprometido, responsable y, principalmente, no se olvide de que todo el bien, la paz, la luz, el amor y la abundancia que pide incesantemente a los cielos están delante de ti.

Busca y encontrarás, bata y la puerta se abrirá, y con la luz de su alma encontrará a aquello que tanto busca. Nuevas Vidas, nuevos Tiempos, Amor Incondicional y Trabajo en Equipo definen todo.

¡Alabado sea Cristo! Salve el Equipo Médico del Gran Corazón y Astheriã.
Soy Dr. Helmuth."

(Mensagens canalizadas em 25/03/2018 e 17/11/2018)

Oraciones y Mantras

Invocación del Arcángel Miguel

Arcángel Miguel delante a mí,
Arcángel Miguel a mis espaldas,
Arcángel Miguel a mi derecha,
Arcángel Miguel a mi izquierda,

42

Arcángel Miguel arriba de mi cabeza,
Arcángel Miguel dentro de mi corazón,
Arcángel Miguel abajo de mis pies.
Que pueda conducirme en todos los buenos caminos
Y adonde quiere que vaya,
Que la luz azul de su espada,
Me bendiga, me proteja, me guarde, me ampare,
Me libre de todos los males,
Hoy, mañana y todos los días de mi Vida.
Amén, amén, amén, amén!

(Fuente: www.grupoanjosdeluz.org.br)

Oración de San Francisco

Señor, haced de mí un instrumento de Vuestra paz.
Donde haya odio, que lleve el amor.
Donde haya ofensa, que lleve el perdón.
Donde haya desacuerdo, que lleve la unión.
Donde haya dudas, que lleve la fe.
Donde haya error, que lleve la verdad.
Donde haya desesperación, que lleve la esperanza.
Donde haya tristeza, que lleve la alegría.
Donde haya tinieblas, que lleve la luz.
Oh Maestro, haced que busque más:
Consolar, que ser consolado;
Comprender, que ser comprendido;
Amar, que ser amado.
Pues es dando que se recibe.
Es perdonando que se es perdonado.
Y es muriendo que se vive para la vida eterna.

(Fuente: www.grupoanjosdeluz.org.br)

Mantra del Perdón, Amor y Gratitud del Grupo Anjos de Luz

Hoy me perdono.
Y en este momento perdono a todos.
Pido perdón.
Lo siento.
Me amo.
Amo a todos.

Soy grato.

¡Estoy libre!

¡Todos están libres!

Es así.

Así será.

¡Está hecho!

Amén, amén, amén y amén.

(Síntesis del Ho'oponopono elaborada por el Grupo Anjos de Luz)

Ho'oponopono es un proceso en lo cual nos deshacemos de las energías tóxicas que existen dentro de nosotros, para permitir el impacto de pensamientos, palabras, realizaciones y acciones Divinos.[1]

Decretos

El **Decreto** es como una oración, un deseo, un instrumento y una forma de meditación que nos conduce a trabajar, a desarrollar y a reforzar las virtudes que necesitamos para nuestro crecimiento y mejora espiritual.

Como hacer:

Busque un sitio tranquilo y siéntese de modo confortable en una silla, con la columna erecta, o si lo prefiere, en posición de Lotus, caso no sea posible, acuéstese y relaja.

Respire de modo suave: inspire por la nariz y cuenta hasta tres, expire por la boca contando hasta tres. Repita la secuencia cuantas veces juzgar necesario, hasta sentirse relajado. Haga el ejercicio con tranquilidad para que su mente se vacíe de todos los pensamientos. Pero, si surjan pensamientos, no se preocupe, mándelos que se vayan.

Piense, mentalice en el color del Rayo que se refiere al Decreto elegido, estándares (actitudes) que necesita trabajar, ser apoyado (a) o desarrollar.

Repita el Decreto tres veces y a continuación agradezca.

---

[1] VITALE, Loe; LEN, Ihaleaka Hew. Limite Zero: o sistema havaiano secreto para prosperidade, saúde, paz e mais ainda. Rio de Janeiro: Rocco, 2009.

Si lo prefiera, haga todos los días, meditando el Decreto que se refiere al Rayo del día y si posible haga también la lectura de un mensaje que se refiere al Maestro.

De esta forma, usted podrá conectarse con más profundidad en la esencia de cada Rayo y absorber con más claridad las enseñanzas de los Maestros Ascencionados y Arcángeles.

Orad y vigilad siempre.

¡Luz, paz y bien!

Decreto del 1° Rayo de la Luz Azul

Arcángel Miguel, que prevalezca en mi la Voluntad Divina.

Día de la semana: Domingo

Virtudes: Fuerza, Poder Personal, Voluntad Divina, Protección, Liderazgo, Fe.

Arcángel Miguel habla de la entrega de la voluntad humana a la Voluntad Divina.

Decreto del 2° Rayo de la Luz Dorada

Arcángel Jofiel, me impulse a la sabiduría de creer en mí mismo, en mi poder y en mi luz.

Día de la semana: Lunes

Virtudes: Iluminación, Ciencia, Conocimiento, Sabiduría, Tecnología Inspiración.

Arcángel Jofiel proporciona el contacto con la Sabiduría Divina.

Decreto del 3° Rayo de la Luz Rosa

Arcángel Samuel, que pueda desarrollar la plena y total capacidad de amar.

Día de la semana: Martes

Virtudes: Perdón, Amor Incondicional, Tolerancia, Belleza, Bondad, Gratitud.

Arcángel Samuel ayuda el despertar del amor.

Decreto del 4° Rayo de la Luz Blanco-cristal

Arcángel Gabriel, despierta en mi la purificación de mi ser a camino de la ascensión.

Día de la Semana: Miércoles

Virtudes: Purificación, Limpieza de Karmas, Ascensión, Equilibrio, Pureza, Paz, Silencio, Resurrección.

Arcángel Gabriel conduce la llama de la ascensión y a la quema del karma.

Decreto del 5° Rayo de la Luz Verde

Arcángel Rafael, líbrame del juicio, del y del egoísmo y que la verdad prevalezca en mí.

Día de la Semana: Jueves

Virtudes: Curación, Justicia Divina, Verdad Divina, Concentración, Consagración, Dedicación, Prosperidad.

Arcángel Rafael proporciona la limpieza y despojamiento para recibir la verdad.

Decreto del 6° Rayo de la Luz Rubí-Dorada

Arcángel Uriel, dame fe y constancia en las oraciones.

Día de la Semana: Viernes

Virtudes: Devoción, Misericordia, Amor, Curación

Arcángel Uriel despierta la compasión y misericordia.

Decreto del 7° Rayo de la Luz Violeta

Arcángel Ezequiel, ayúdame en la transmutación de mis karmas, para que pueda alcanzar la liberación y la capacidad de volar rumbo al Divino.

Día de la Semana: Sábado

Virtudes: Apelaciones, Compasión, Transmutación, Transformación, Libertad.

Arcángel Ezequiel no sólo trae la transformación, pero la organización de la vida para poder ser libre.

Mensaje final

"Estimado(a) amigo(a),

Deseamos que, al descubrir quien **Yo Soy**, su corazón esté ligero y feliz, listo para hacer el Camino del Alma con entendimiento y aceptación para **Lo qué estoy haciendo aquí** y cumplir su misión en el Planeta Tierra con Amor por sí mismo, por todos que están a su alrededor."

Equipo Médico Espiritual del Grande Corazón de Astheriãn.

¡Orad y vigilad siempre.
¡Luz, paz y bien!

(Mensaje canalizada en 18/11/2018)

¡Gratitud!

Más informaciones en el sitio www.grupoanjosdeluz.org.br

www.ingramcontent.com/pod-product-compliance
Lightning Source LLC
Chambersburg PA
CBHW041802040426

42448CB00001B/16